AF495693

SÉNAT

SESSION 1885

Annexe au Procès-Verbal de la Séance du 30 Juillet 1885.

PROJET DE LOI

ADOPTÉ PAR LA CHAMBRE DES DÉPUTÉS

Ayant pour objet de déclarer d'utilité publique l'établisse-ment, dans le département du Cher, d'un **chemin de fer d'intérêt local, à voie étroite, de Bourges à à Dun-sur-Auron,**

PRÉSENTÉ, AU NOM DE

M. JULES GRÉVY
Président de la République française,

Par M. DEMOLE
Ministre des Travaux publics,

Et par M. Sadi CARNOT
Ministre des Finances.

(Renvoyé à la Commission des chemins de fer.)

EXPOSÉ DES MOTIFS

Un projet de loi ayant pour objet de déclarer d'utilité publique l'établissement, dans le département du Cher,

(Voir les n°° 3996-4051. — 3ᵉ législ. — de la Chambre des Députés)

d'un chemin de fer d'intérêt local de Bourges à Dun-sur-Auron, a été présenté, le 27 juillet 1885, à la Chambre des Députés, qui l'a adopté dans sa séance du 30 juillet courant.

Nous avons l'honneur de vous demander aujourd'hui de vouloir bien donner votre haute sanction à ce projet, dont vous avez pu suivre la discussion.

Nous n'avons rien à ajouter à l'exposé des motifs qui accompagnait le projet de loi, et dont la distribution a été faite à MM. les Sénateurs en même temps qu'à MM. les Députés.

Le Président de la République française.

DÉCRÈTE :

Le projet de loi dont la teneur suit sera présenté au Sénat par le Ministre des Travaux publics et par le Ministre des Finances, qui sont chargés d'en exposer les motifs et d'en soutenir la discussion.

PROJET DE LOI

ARTICLE PREMIER.

Est déclaré d'utilité publique l'établissement, dans le département du Cher, d'un chemin de fer d'intérêt local, à voie de 1 mètre, de la gare de Bourges, sur la ligne de Vierzon à Saincaize, à Dun-sur-Auron.

ART. 2.

La présente déclaration d'utilité publique sera consi-dérée comme nulle et non avenue si les expropriations nécessaires pour l'exécution de la ligne dont il s'agit ne sont pas accomplies dans un délai de trois ans à dater de la promulgation de la présente loi.

ART. 3.

Le département du Cher est autorisé à pourvoir à l'exé-cution de la ligne ci-dessus mentionnée comme chemin de fer d'intérêt local, suivant les dispositions de la loi du 11 juin 1880, et conformément aux clauses et conditions de la convention passée, le 27 juin 1885, entre le préfet du Cher, d'une part, et M. Emile Level, agissant au nom et pour le compte de la Société générale des chemins de fer économiques, d'autre part, ainsi que du cahier des charges annexé à cette convention.

Des copies certifiées conformes de ces convention et cahier des charges resteront annexées à la présente loi.

Art. 4.

Pour l'application des dispositions des articles 13 et 14 de la loi du 11 juin 1880, le capital de premier établissement du chemin de fer mentionné à l'article premier ci-dessus est fixé à forfait à la somme de un million sept cent soixante-cinq mille neuf cent cinquante francs (1.765.950 fr.), non compris les acquisitions de terrains. La dépense de ces acquisitions ne pourra dépasser un maximum de sept cent cinq mille francs (705.000 fr.).

Le capital de premier établissement pourra être augmenté jusqu'à concurrence d'une somme maximum de cent cinquante mille francs (150.000 fr.) pour les travaux prévus aux articles 5 et 6 de la convention.

Le maximum de la charge annuelle pouvant incomber au Trésor est fixé à quarante-neuf mille francs (49.000 fr.).

Art. 5.

Aucune émission d'obligations ne pourra avoir lieu qu'en vertu d'une autorisation donnée par le Ministre des Travaux publics, après avis du Ministre des Finances, et après l'achèvement et la mise en exploitation de la ligne concédée.

Le capital à réaliser par l'émission des obligations ne pourra être supérieur aux 4/5 des dépenses de la ligne concédée, et l'émission ne sera autorisée que sous la condition que l'annuité destinée à couvrir l'intérêt et l'amortissement des titres à émettre ne dépassera pas 4/5 du montant de l'intérêt à 5 pour 100 garanti sur lesdites dépenses.

Art. 6.

Le capital de la Société générale des chemins de fer économiques ne pourra être engagé, directement ou indirec·tement, dans une opération autre que la construction ou l'exploitation des lignes qui lui sont concédées, sans autorisation préalable, par décret délibéré en Conseil d'État.

Fait à Paris, le trente juillet mil huit cent quatre-vingt·cinq.

Le Président de la République française,

Signé : Jules GRÉVY.

Par le Président de la République :

Le Ministre des Travaux publics,
Signé : DEMOLE.

Le Ministre des Finances,
Signé : Sadi CARNOT.

ANNEXE

Au projet de loi ayant pour objet de déclarer d'utilité pu-
blique l'établissement, dans le département du Cher,
d'un **chemin de fer d'intérêt local, à voie étroite,**
de Bourges à Dun·sur-Auron.

CONVENTION

L'an mil huit cent quatre-vingt-cinq, et le samedi 27 juin,

Entre les soussignés,

M. Maurice Berniquet, préfet du département du Cher, chevalier de la Légion d'honneur, agissant au nom et pour le compte du dit département, en vertu :

1° De la loi du 11 juin 1880, sur les chemins de fer d'intérêt local ;

2° Du décret du 6 août 1881, formant règlement d'administration publique et approuvant le cahier des charges type des chemins de fer d'intérêt local ;

3° Du décret du 20 mars 1882, formant également règlement d'administration publique ;

4° Des délibérations du Conseil général, en date des 25 août 1882 et 1883 et 26 janvier 1885 ;

5° Des délibérations de la Commission départementale en date des 13 et 27 juin 1885,

D'une part ;

Et M. Emile Level, directeur de la Société générale des chemins de fer économiques, dont le siège est à Paris, 7, rue d'Antin, agissant au nom et pour le compte de ladite Société, conformément aux pouvoirs qui lui ont été conférés par délibération du Conseil d'administration en date du 29 juillet 1882,

D'autre part ;

Il a été dit et convenu ce qui suit :

ARTICLE PREMIER.

Le préfet du Cher concède à la Société générale des chemins de fer économiques, sous réserve de la loi à intervenir, la construction et l'exploitation d'une ligne de chemin de fer d'intérêt local, à voie unique de un mètre de largeur entre les rails, de Dun-sur-Auron à la gare de Bourges, telle qu'elle est définie au cahier des charges ci-annexé.

ART. 2.

La concession prendra fin le trente et un décembre mil neuf cent cinquante six, date de la fin de la concession de la compagnie d'Orléans.

Pendant tout ce temps, la Société générale des chemins de fer économiques exploitera la ligne concédée, par elle-même et sans pouvoir se substituer un tiers, en se conformant aux clauses et conditions du cahier des charges.

ART. 3.

Le département s'engage à livrer où à faire livrer à la Compagnie concessionnaire par les communes traversées tous les terrains nécessaires pour l'établissement du chemin de fer et de ses dépendances, pour la déviation des voies de communication et des cours d'eau déplacés, et, en général, pour l'exécution des travaux, quels qu'ils soient, auxquels cet établissement pourra donner lieu.

De son côté, la Société concessionnaire s'engage à payer ces terrains leur prix réel en y ajoutant, s'il y a lieu, les frais d'opérations techniques, judiciaires et administratives relatifs à leur acquisition, tels qu'ils seront fixés par l'ingénieur en chef du département.

Le prix moyen kilométrique de ces terrains est estimé au maximum à 20.000 francs le kilomètre pour l'ensemble de la ligne, y compris le raccordement avec le chemin de fer d'Orléans. Le prix réel des terrains, lequel n'atteindra probablement pas ce maximum, sera seul porté au compte des frais de premier établissement.

Si le prix réel dépassait ledit maximum, le surplus serait porté au capital de premier établissement pour le calcul de la garantie du département et ne serait pas compté pour le calcul de la garantie de l'État.

La livraison des terrains par le département aura lieu dans un délai de six mois après la présentation par la Société des pièces nécessaires pour l'enquête parcellaire, lesquelles devront être fournies au département quatre mois au maximum après l'approbation du projet d'ensemble.

En cas de retard dans la livraison des terrains par le département, les délais d'exécution seront prolongés d'autant.

En cas de retard dans la présentation des pièces par la société, les délais d'exécution seront raccourcis d'autant.

Art. 4.

En cas d'insuffisance du produit brut, impôts déduits, de la ligne concédée pour faire face aux dépenses de l'exploitation et au payement de l'intérêt à cinq pour cent (5 0/0) par an, amortissement compris, du capital de premier établissement augmenté, s'il y a lieu, des insuffisances constatées pendant la période assignée à la construction, le département s'engage à couvrir cette insuffisance à l'aide de ses propres ressources départementales, communales ou particulières, venant compléter la subvention de l'État prévue par les articles 13 et 14 de la loi du 11 juin 1880 et par l'article 13 du décret du 20 mars 1882.

En cas de retard apporté par l'Etat au payement de la subvention qui lui incombe, le département n'encourra aucune responsabilité.

Pour l'application de cette clause, les dépenses de premier établissement (sauf l'acquisition des terrains) et d'exploitation sont fixées à forfait comme il suit :

Dépenses de premier établissement. — La dépense générale de premier établissement est fixée : 1° pour la partie comprise entre Dun-sur-Auron et Mazières, soit environ 30 kilom. 750 m., à 43,000 francs par kilomètre, mesurés suivant les clauses de l'article 1er du cahier des charges ; 2° pour la partie comprise entre Mazières et la gare d'Orléans, soit environ 4 kilomètres et demi, à 98,600 francs par kilomètre.

Ce qui, joint aux dépenses d'acquisition de terrains, produit un total général de deux millions quatre cent soixante-dix mille neuf cent cinquante francs (2.470.950 fr.) se décomposant, savoir :

705.000 francs pour les terrains ;

211.500 francs pour le matériel roulant ;

Et 1.554.450 francs pour les travaux.

Dans ce prix, le matériel roulant figure pour 6.000 francs par kilomètre.

Frais d'exploitation. — Les frais d'exploitation de la ligne seront calculés d'après la formule $1800 + \frac{R}{4}$, R désignant la recette brute, impôts déduits, sans qu'en aucun cas l'application de cette formule ait pour effet de faire descendre ces frais au-dessous du minimum de 3,200 francs par kilomètre.

Cette formule est basée sur un service en navette de

deux trains par jour dans chaque sens. Ces deux trains
seront seuls établis tant qu'ils suffiront à l'écoulement régulier du trafic, ou tant que la recette brute kilométrique
(impôts déduits) n'atteindra pas 5.600 francs.

Au cas où le département exigerait l'organisation d'un
troisième train régulier avant que le chiffre ci-dessus in-
diqué de 5.600 francs soit atteint, le minimum kilométrique spécifié ci-dessus sera augmenté de cinq cents francs
(500 fr.)

Toutefois, le département pourra exiger la mise en circulation de trains supplémentaires accidentels qui seront
payés à la Société, en dehors des résultats de la formule ci-dessus, à raison de soixante-dix centimes (70 c.)
par kilomètre à l'aller et au retour, étant entendu que la
mise en circulation de ces trains n'aura pas pour effet de
nécessiter une augmentation de matériel.

Art. 5.

Dans le cas où, pendant le cours de la concession,
l'établissement de nouvelles stations ou haltes serait reconnu nécessaire, d'accord entre le département et le concessionnaire, ou serait imposé au concessionnaire, le prix
d'établissement de ces stations ou haltes serait porté en
augmentation du capital de premier établissement, et le
prix forfaitaire d'exploitation serait augmenté des dépenses
supplémentaires annuelles qui seraient la conséquence de
ce même établissement.

Art. 6.

L'augmentation successive du capital de premier établissement à prévoir pour la création de nouvelles stations,
pose de voies de garages, etc., et augmentation du matériel
roulant résultant de cette création nouvelle, imposées à

la Société pendant la durée de la concession, ne pourra pas
dépasser le maximum de 150.000 francs.

Art. 7.

La subvention du département sera payée dans les formes et conditions déterminées par le décret du 20 mars
1882 ; l'avance prévue par l'article 9 dudit décret sera payée
au plus tard dans les deux mois du dépôt fait par la Société
des pièces justificatives prévues par l'article 3 du même décret, en tant que cela dépendra des autorités départementales.

Art. 8.

Le concessionnaire ne sera pas tenu de réserver, dans
les trains de voyageurs, un compartiment aux femmes voyageant seules.

Art. 9.

La Société concessionnaire aura la faculté de faire exécuter les travaux, soit sur série de prix, soit à forfait, par
section ou pour la ligne entière, comme elle le jugera utile
ou avantageux à ses intérêts, mais seulement en ce qui concerne l'infrastructure et les bâtiments.

Art. 10.

La présente convention ne deviendra définitive que
lorsqu'elle aura été approuvée par une loi et que l'État aura
pris l'engagement de concourir au payement de la garantie,
dans les limites déterminées par l'article 13 de la loi du
11 juin 1880.

Pour satisfaire aux prescriptions du paragraphe 2 de l'article 13 du décret du 20 mars 1882, le Département consent à ce que le maximum de la garantie de l'État soit fixé à 49.000 francs.

Art. 11.

L'exécution de la présente convention est également subordonnée à l'accord à intervenir entre le Ministre des Travaux publics et la Société concessionnaire relativement à la proportion d'obligations à émettre.

Art. 12.

Les frais de timbre et le droit fixe d'enregistrement sont à la charge de la Société générale des chemins de fer économiques.

Fait double, à Bourges, les jour, mois et an que dessus.

Le préfet du Cher,
Signé : BERNIQUET.

Le directeur de la Société générale
des chemins de fer économiques,
Signé : Émile LEVEL.

CAHIER DES CHARGES

TITRE PREMIER

Tracé et construction.

Article premier.

Le chemin de fer d'intérêt local qui fait l'objet du présent cahier des charges comprend :

La ligne de Dun-sur-Auron à Mazières et de Mazières à la gare de Bourges, d'une longueur approximative de de 34 kil. 800 m., telle qu'elle est représentée d'une manière générale sur l'avant projet soumis à l'enquête et admis par le Conseil général dans sa séance du 25 août 1882.

La longueur définitive de la ligne, qui servira de base au calcul du prix de premier établissement, sera déterminée par un chaînage contradictoire auquel il sera procédé après l'achèvement des travaux, en suivant les rails de la voie principale.

Ce chaînage aura pour extrémités les axes des bâti-ments des voyageurs, ou, à leur défaut, les axes des trottoirs à y établir pour le service des voyageurs, ledit chaînage ne tenant pas compte des voies annexées pour raccordements ou embranchements.

La longueur maximum à compter pour le calcul de la garantie de l'Etat ne pourra excéder 34 kil. 800.

Tracé.

Art. 2.

Déla d'exécution.

Les travaux devront être commencés immédiatement après la livraison à la Compagnie concessionnaire, par le département, des terrains nécessaires à l'assiette du chemin, comme il est dit ci-après à l'article 21.

Ils devront être terminés trois ans après cette livraison.

Cette livraison serait considérée comme faite lorsqu'il ne resterait à livrer qu'un petit nombre de parcelles dont l'occupation immédiate serait, *d'un commun accord*, ou par arbitrage, reconnue inutile pour l'exécution des travaux.

Art. 3.

Approbation des projets.

Aucun travail ne pourra être entrepris pour l'établissement du chemin de fer et de ses dépendances sans que les projets en aient été approuvés, conformément à l'article 3 de la loi du 11 juin 1880, pour les projets d'ensemble, par le *Conseil général*, et, pour les projets de détail des ouvrages, par le préfet, sous réserve de l'approbation spéciale du Ministre des Travaux publics, dans le cas où les travaux affecteraient des cours d'eau ou des chemins dépendant de la grande voirie.

A cet effet, les projets d'ensemble, comprenant le tracé, les terrassements et l'emplacement des stations, seront remis au préfet, dans les six mois au plus tard de la date de la loi déclarative d'utilité publique.

Le préfet, après avoir pris l'avis de l'ingénieur en chef du département, soumettra ces projets au *Conseil général*, qui statuera définitivement, sauf le droit, réservé au Ministre des Travaux publics par le paragraphe 2 de l'article 3 de la loi, d'appeler le Conseil général à statuer à nouveau sur lesdits projets.

L'une des expéditions des projets ainsi approuvés sera

remise au concessionnaire avec la mention de la décision approbative du *Conseil général;* l'autre restera entre les mains du préfet.

Avant comme pendant l'exécution, le concessionnaire aura la faculté de proposer aux projets approuvés les modifications qu'il jugerait utiles, mais ces modifications ne pourront être exécutées que moyennant l'approbation de l'autorité compétente.

Art. 4.

Le concessionnaire pourra prendre copie, sans déplacement, de tous les plans, nivellements et devis qui auraient été antérieurement dressés aux frais du *département.* — *Projets antérieurs.*

Art. 5.

Les projets d'ensemble qui doivent être produits par le concessionnaire comprennent : — *Pièces à fournir.*

1° Un extrait de la carte au 1/80000;

2° Un plan général à l'échelle de 1/10000;

3° Un profil en long à l'échelle de 1/5000 pour les longueurs, et de 1/1000 pour les hauteurs, dont les cotes seront rapportées au niveau moyen de la mer, pris pour plan de comparaison. Au-dessous de ce profil, on indiquera au moyen de trois lignes horizontales disposées à cet effet, savoir :

— Les distances kilométriques du chemin de fer, comptées à partir de son origine;

— La longueur et l'inclinaison de chaque pente ou rampe;

— La longueur des parties droites et le développement des parties courbes du tracé, en faisant connaître le rayon correspondant à chacune de ces dernières;

4° Un certain nombre de profils en travers, à l'échelle de 0ᵐ,005 pour mètre et le profil type de la voie à l'échelle de 0ᵐ,02 pour mètre.

Un mémoire dans lequel seront justifiées toutes les dispositions essentielles du projet, et un devis descriptif dans lequel seront reproduites, sous forme de tableaux, les indications relatives aux déclivités et aux courbes déjà données sur le profil en long.

La position des gares et stations projetées, celle des cours d'eau et des voies de communication traversés par le chemin de fer, des passages soit à niveau, soit en dessus, soit en dessous de la voie ferrée, devront être indiquées tant sur le plan que sur le profil en long; le tout sans préjudice des projets à fournir pour chacun de ces ouvrages.

Art. 6.

Acquisition de terrains. Ouvrages d'art. Établissement de la deuxième voie. Les terrains seront acquis, les ouvrages d'art et les terrassements seront exécutés et les rails seront posés pour une voie seulement, sauf l'établissement d'un certain nombre de gares d'évitement.

Le concessionnaire sera tenu d'exécuter à ses frais une seconde voie, lorsque la recette brute kilométrique aura atteint le chiffre de 35.000 francs pendant une année.

En dehors du cas prévu par le paragraphe précédent, il pourra, à toute époque de la concession, être requis par le préfet au nom *du département* et par le Ministre des Travaux publics au nom de l'Etat, d'exécuter et d'exploiter une seconde voie sur tout ou partie de la ligne, moyennant le remboursement des frais d'établissement de ladite voie.

Si les travaux de la double voie requise ne sont pas commencés et poursuivis dans les délais et conditions prescrits par la décision qui les a ordonnés, l'Administration pourra mettre le chemin de fer tout entier sous séquestre et exécuter elle-même les travaux.

Les terrains acquis pour l'établissement du chemin de fer ne pourront pas recevoir une autre destination.

Art. 7.

La largeur de la voie entre les bords intérieurs des rails devra être de un mètre (1 m.).

La largeur des locomotives et des caisses des véhicules ainsi que de leur chargement ne dépassera pas deux mètres (2 m.), et la largeur du matériel roulant, y compris toutes saillies, notamment celles des marchepieds latéraux, restera inférieure à deux mètres cinquante (2 m. 50); la hauteur du matériel roulant au-dessus des rails sera au plus de trois mètres cinquante centimètres (3 m. 50).

Dans les parties à deux voies, la largeur de l'entrevoie, mesurée entre les bords extérieurs des rails, sera de deux mètres (2 m.).

La largeur des accotements, c'est-à-dire des parties comprises de chaque côté entre le bord extérieur du rail et l'arête supérieure du ballast, sera de soixante-dix centimètres (0 m. 70).

L'épaisseur de la couche de ballast sera d'au moins trente-cinq centimètres (35 c.), et l'on ménagera, au pied de chaque talus du ballast, une banquette de largeur telle que l'arête de cette banquette se trouve à quatre-vingt-dix centimètres (90 c.) au moins de la verticale de la partie la plus saillante du matériel roulant.

Le concessionnaire établira le long du chemin de fer les fossés ou rigoles qui seront jugés nécessaires pour l'assèchement de la voie et pour l'écoulement des eaux.

Les dimensions de ces fossés et rigoles seront déterminées par le préfet, suivant les circonstances locales, sur les propositions du concessionnaire.

Art. 8.

Alignements et courbes. Pentes et rampes.

Les alignements seront raccordés entre eux par des courbes dont le rayon ne pourra être inférieur à cent mètres (100 m.).

Une partie droite de quarante mètres (40 m.) au moins de longueur devra être ménagée entre deux courbes consécutives, lorsqu'elles seront dirigées en sens contraire.

Le maximum des déclivités est fixé à vingt-cinq millièmes (0 m. 025).

Une partie horizontale de quarante mètres (40 m.) au moins devra être ménagée entre deux déclivités consécutives de sens contraire.

Les déclivités correspondant aux courbes de faible rayon devront être réduites autant que faire se pourra.

Le concessionnaire aura la faculté, dans des cas exceptionnels, de proposer aux dispositions du présent article les modifications qui lui paraîtraient utiles, mais ces modifications ne pourront être exécutées que moyennant l'approbation préalable du préfet.

Art. 9.

Gares et stations.

Le nombre et l'emplacement des stations ou haltes de voyageurs et des gares de marchandises seront arrêtés par le *Conseil général*, sur les propositions du concessionnaire, après une enquête spéciale.

Il demeure toutefois entendu, dès à présent, que des stations seront établies dans les localités indiquées ci-après :

Bourges ;

Plaimpied, ou un point situé entre Plaimpied et Trouy ;

Lissay-Sanneçay ;

Levet ;

Saint-Germain-des-Bois.

Des haltes à :

Mazières ;

Chezal-Chauvier ;

Et une gare de transbordement avec abri, quai et trottoirs, à la jonction avec l'Orléans.

Les bâtiments des stations et haltes seront conformes aux types admis par la Société générale des chemins de fer économiques sur ses lignes des Landes et de la Gironde.

Si, pendant l'exploitation, de nouvelles stations, gares ou haltes sont reconnues nécessaires d'accord entre le *département* et le concessionnaire, il sera procédé à une enquête spéciale.

L'emplacement en sera définitivement arrêté par le *Conseil général*, le concessionnaire entendu.

Le nombre, l'étendue et l'emplacement des gares d'évitement seront déterminés par le préfet, le concessionnaire entendu ; si la sécurité publique l'exige, le préfet pourra, pendant le cours de l'exploitation, prescrire l'établissement de nouvelles gares d'évitement, ainsi que l'augmentation des voies dans les stations et aux abords des stations.

Le concessionnaire sera tenu, préalablement à tout commencement d'exécution, de soumettre au préfet les projets de détail de chaque gare, station ou halte, lesquels se composeront :

1° D'un plan à l'échelle de 1/500 indiquant les voies, les quais, les bâtiments et leur distribution intérieure, ainsi que la disposition de leurs abords ;

2° D'une élévation des bâtiments à l'échelle d'un centimètre par mètre ;

3° D'un mémoire descriptif dans lequel les dispositions essentielles du projet seront justifiées.

Art. 10.

Traversée des routes et chemins.

Le concessionnaire sera tenu de rétablir les communications interceptées par le chemin de fer, suivant les dispositions qui seront approuvées par l'administration compétente.

Art. 11.

Passages au-dessus des routes et chemins.

Lorsque le chemin de fer devra passer au-dessus d'une route nationale ou départementale, ou d'un chemin vicinal, l'ouverture du viaduc sera fixée par le Ministre des Travaux publics ou le préfet, suivant le cas, en tenant compte des circonstances locales ; mais cette ouverture ne pourra, dans aucun cas, être inférieure à huit mètres (8 m.) pour la route nationale, à sept mètres (7 m.) pour la route départementale, à cinq mètres (5 m.) pour un chemin vicinal de grande communication ou d'intérêt commun, et à quatre mètres (4 m.) pour un simple chemin vicinal.

Pour les viaducs de forme cintrée, la hauteur sous clef, à partir du sol de la route, sera de cinq mètres (5 m.) au moins. Pour ceux qui seront formés de poutres horizontales en bois ou en fer, la hauteur sous poutre sera de quatre mètres trente centimètres (4 m. 30) au moins.

La largeur entre les parapets sera au moins de quatre mètres (4 m.). La hauteur de ces parapets ne pourra, dans aucun cas, être inférieure à un mètre (1 m.).

Sur les lignes et sections pour lesquelles la Compagnie exécutera les ouvrages d'art pour deux voies, la largeur des viaducs entre les parapets sera au moins de sept mètres (7 m.).

Art. 12.

Lorsque le chemin de fer devra passer au-dessous d'une route nationale ou départementale, ou d'un chemin vicinal, la largeur entre les parapets du pont qui supportera la route ou le chemin sera fixée par le Ministre des Travaux publics ou le préfet, suivant les cas, en tenant compte des circonstances locales; mais cette largeur ne pourra, dans aucun cas, être inférieure à huit mètres (8 m.) pour la route nationale, à sept mètres (7 m.) pour la route départementale, à cinq mètres (5 m.) pour un chemin vicinal de grande communication, et à quatre mètres (4 m.) pour un simple chemin vicinal.

L'ouverture du pont entre les culées sera au moins de quatre mètres (4 m.) pour les chemins à une voie, et de sept mètres (7 m.) sur les lignes ou sections pour lesquelles le concessionnaire exécutera les ouvrages d'art pour deux voies. Cette largeur régnera jusqu'à deux mètres (2 m.) au moins au-dessus du niveau du rail. La distance verticale qui sera ménagée au-dessus des rails pour le passage des trains, dans une largeur égale à celle qui est occupée par les caisses des voitures, ne sera pas inférieure à quatre mètres (4 m.).

Art. 13.

Dans le cas où des routes nationales ou départementales, ou des chemins vicinaux, ruraux ou particuliers, seraient traversés à leur niveau par le chemin de fer, les rails et contre-rails devront être posés sans aucune saillie ni dépression sur la surface de ces routes, et de telle sorte qu'il n'en résulte aucune gêne pour la circulation des voitures.

Le croisement à niveau du chemin de fer et des routes

ne pourra s'effectuer sous un angle inférieur à 45°, à moins
d'une autorisation formelle de l'Administration supérieure.

L'ouverture libre des passages à niveau sera d'au
moins six mètres (6 m.) pour les routes nationales et départementales et les chemins vicinaux de grande communication, et d'au moins quatre mètres (4 m.) pour tous les autres
chemins.

Le préfet déterminera, sur la proposition du conces·
sionnaire, les types des barrières qu'il devra poser aux
passages à niveau, ainsi que des abris ou maisons de gardes
à établir. Il peut dispenser d'établir des maisons de gardes
ou des abris, et même de poser des barrières au croisement
des chemins peu fréquentés.

La déclivité des routes et chemins aux abords des passages à niveau sera réduite à vingt millimètres au plus sur
dix mètres de longueur de part et d'autre de chaque passage.

Art. 14.

Rectifications des
routes.

Lorsqu'il y aura lieu de modifier l'emplacement ou le
profil des routes existantes, l'inclinaison des pentes et
rampes sur les routes modifiées ne pourra excéder trois centimètres (3 c.) par mètre pour les routes nationales, et cinq centimètres (5 c.) pour les routes départementales et les chemins vicinaux. Le préfet restera libre toutefois d'apprécier
les circonstances qui pourraient motiver une dérogation à
cette clause, en ce qui touche les routes départementales et
les chemins vicinaux ; le Ministre statuera en tout ce qui
touche les routes nationales.

Art. 15.

Ecoulement des
eaux. Débouché
des ponts.

Le concessionnaire sera tenu de rétablir et d'assurer
à ses frais, pendant la durée de sa concession, l'écoule-

ment de toutes les eaux dont le cours aurait été arrêté, suspendu ou modifié par ces travaux, et de prendre les mesures nécessaires pour prévenir l'insalubrité pouvant résulter des chambres d'emprunt.

Les viaducs à construire à la rencontre des rivières, des canaux et des cours d'eau quelconques auront au moins quatre mètres (4 m.) de largeur entre les parapets sur les chemins à une voie, et sept mètres (7 m.) sur les chemins à deux voies, et ils présenteront en outre les garages nécessaires pour la sécurité des ouvriers de la voie. La hauteur des parapets ne pourra être inférieure à un mètre (1 m.).

La hauteur et le débouché du viaduc seront déterminés, dans chaque cas particulier, par l'Administration, suivant les circonstances locales.

Dans tous les cas où l'Administration le jugera utile, il pourra être accolé aux ponts établis par le concessionnaire pour le service du chemin de fer, une voie charretière ou une passerelle pour piétons. L'excédent de dépense qui en résultera sera supporté, suivant les cas, par l'État, le département ou les communes intéressées, d'après l'évaluation contradictoire qui sera faite par les ingénieurs ou les agents désignés par l'autorité compétente et par les ingénieurs de la Compagnie.

Art. 16.

Les souterrains à établir pour le passage du chemin de fer auront au moins quatre mètres (4 m.) de largeur entre les pieds-droits au niveau des rails pour les chemins à une voie, et sept mètres (7 m.) de largeur pour les lignes ou sections à deux voies. Cette largeur régnera jusqu'à deux mètres (2 m.) au moins au-dessus du niveau du rail. Des garages seront établis à cinquante mètres (50 m.) de distance de chaque côté, et seront disposés en quinconce d'un côté à l'autre. La hauteur sous clef au-dessus de la surface des rails sera de quatre mètres soixante-dix centimètres (4 m. 70). La distance verticale qui sera ménagée entre l'intrados et le dessus des rails, pour le passage des trains, dans une largeur égale à celle qui est occupée par les caisses des voi·tures, ne sera pas inférieure à quatre mètres (4 m.). L'ouverture des puits d'aérage et de construction des souterrains sera entourée d'une margelle en maçonnerie 'de deux mètres (2 m.) de hauteur. Cette ouverture ne pourra être établie sur aucune voie publique.

Art. 17.

Maintien des communications.

A la rencontre des cours d'eau flottables ou navigables, le concessionnaire sera tenu de prendre toutes les mesures et de payer tous les frais nécessaires pour que le service de la navigation ou du flottage n'éprouve ni interruption ni entrave pendant l'exécution des travaux.

A la rencontre des routes nationales ou départementales et des autres chemins publics, il sera construit des chemins et ponts provisoires, par les soins et aux frais du concessionnaire, partout où cela sera jugé nécessaire pour que la circulation n'éprouve aucune interruption ni gêne.

Avant que les communications existantes puissent être interceptées, une reconnaissance sera faite par les ingénieurs de la localité, à l'effet de constater si les ouvrages provisoires présentent une solidité suffisante et s'ils peuvent assurer le service de la circulation.

Un délai sera fixé par l'Administration pour l'exécution des travaux définitifs destinés à rétablir les communications interceptées.

Art. 18.

Exécution des travaux.

Le concessionnaire n'emploiera dans l'exécution des ouvrages que des matériaux de bonne qualité; il sera tenu de se conformer à toutes les règles de l'art, de manière à obtenir une construction parfaitement solide.

Tous les aqueducs, ponceaux, ponts et viaducs à construire à la rencontre des divers cours d'eau et des chemins publics ou particuliers seront en maçonnerie ou en fer, sauf les cas d'exception qui pourront être admis par l'Administration.

Art. 19.

Les voies seront établies d'une manière solide et avec des matériaux de bonne qualité.   Voies.

Les rails seront en acier et du poids de vingt kilogrammes (20 k.) au moins par mètre courant sur les voies de circulation.

Les contre-rails pourront être en fer et du poids de dix kilogrammes (10 k.) par mètre courant.

L'espacement maximum des traverses sera de quatre-vingt-dix centimètres (90 c.) d'axe en axe.

Art. 20.

Le chemin de fer sera séparé des propriétés riveraines par des murs, haies ou toute autre clôture dont le mode et la disposition seront agréés par le préfet. Le concessionnaire pourra, conformément à l'article 20 de la loi du 11 juin 1880, être dispensé de poser des clôtures sur tout ou partie de la voie, mais il devra fournir des justifications spéciales pour être dispensé d'en établir :   Clôtures.

1° Dans la traversée des lieux habités ;

2° Dans les parties contiguës à des chemins publics ;

3° Sur dix mètres de longueur au moins de chaque côté des passages à niveau et des stations.

Art. 21.

Indemnités de terrains et de dommages.

Tous les terrains nécessaires pour l'établissement du chemin de fer et de ses dépendances, pour la déviation des voies de communication et des cours d'eau déplacés, et, en général, pour l'exécution des travaux, quels qu'ils soient, auxquels cet établissement pourra donner lieu, seront livrés au concessionnaire par le département.

Les conditions de cette livraison sont fixées par l'article 3 de la convention.

Les indemnités pour occupation temporaire ou pour détérioration de terrains, pour chômage, modification ou destruction d'usines, et pour tous dommages quelconques résultant des travaux, seront supportées et payées par le concessionnaire.

Art. 22.

Droits conférés au concessionnaire.

L'entreprise étant d'utilité publique, le concessionnaire est investi, pour l'exécution des travaux dépendant de sa concession, de tous les droits que les lois et règlements confèrent à l'Administration en matière de travaux publics, soit pour l'acquisition des terrains par voie d'expropriation, soit pour l'extraction, le transport et le dépôt des terres, matériaux, etc., et il demeure en même temps soumis à toutes les obligations qui dérivent, pour l'Administration, de ces lois et règlements.

Art. 23.

Servitudes militaires.

Dans les limites de la zone frontière et dans le rayon de servitude des enceintes fortifiées, le concessionnaire sera tenu, pour l'étude et l'exécution de ses projets, de se soumettre à l'accomplissement de toutes les formalités et de toutes les conditions exigées par les lois, décrets et règlements concernant les travaux mixtes.

Art. 24.

Si la ligne du chemin de fer traverse un sol déjà concédé pour l'exploitation d'une mine, les travaux de consolidation à faire dans l'intérieur de la mine qui pourraient être imposés par le Ministre des Travaux publics, ainsi que les dommages résultant de cette traversée pour les concessionnaires de la mine, seront à la charge du concessionnaire.

Art. 25.

Si le chemin de fer doit s'étendre sur des terrains renfermant des carrières ou les traverser souterrainement, il ne pourra être livré à la circulation avant que les excavations qui pourraient en compromettre la solidité aient été remblayées ou consolidées. Les travaux que le Ministre des Travaux publics pourrait ordonner à cet effet seront exécutés par les soins et aux frais du concessionnaire.

Art. 26

Les travaux seront soumis au contrôle et à la surveillance du préfet, sous l'autorité du Ministre des Travaux publics.

Ils seront conduits de manière à nuire le moins possible à la liberté et à la sûreté de la circulation. Les chantiers ouverts sur le sol des voies publiques seront éclairés et gardés pendant la nuit

Le contrôle et la surveillance du préfet auront pour objet d'empêcher le concessionnaire de s'écarter des dispositions prescrites par le présent cahier des charges et de celles qui résulteront des projets approuvés.

Art. 27.

Réception
des travaux.

A mesure que les travaux seront terminés sur des parties de chemin de fer susceptibles d'être livrées utilement à la circulation, il sera procédé à la reconnaissance et, s'il y a lieu, à la réception provisoire de ces travaux par un ou plusieurs commissaires que le préfet désignera.

Sur le vu du procès-verbal de cette reconnaissance, le préfet autorisera, s'il y a lieu, la mise en exploitation des parties dont il s'agit; après cette autorisation, le concessionnaire pourra mettre lesdites parties en service et y percevoir les taxes ci-après déterminées. Toutefois ces réceptions partielles ne deviendront définitives que par la réception générale et définitive du chemin de fer, laquelle sera faite dans la même forme que les réceptions partielles.

Art. 28.

Bornage et plan
cadastral.

Immédiatement après l'achèvement des travaux, et au plus tard six mois après la mise en exploitation de la ligne ou de chaque section, le concessionnaire fera faire à ses frais un bornage contradictoire avec chaque propriétaire riverain, en présence d'un représentant du département, ainsi qu'un plan cadastral du chemin de fer et de ses dépendances. Il fera dresser également à ses frais, et contradictoirement avec les agents désignés par le préfet, un état descriptif de tous les ouvrages d'art qui auront été exécutés, ledit état accompagné d'un atlas contenant les dessins cotés de tous les ouvrages.

Une expédition dûment certifiée des procès-verbaux de bornage, du plan cadastral, de l'état descriptif et de l'atlas sera dressée aux frais du concessionnaire et déposée dans les archives de la préfecture.

Les terrains acquis par le concessionnaire postérieu-

rement au bornage général, en vue de satisfaire aux besoins
de l'exploitation, et qui, par cela même, deviendront partie
intégrante du chemin de fer, donneront lieu, au fur et à
mesure de leur acquisition, à des bornages supplémentaires,
et seront ajoutés sur le plan cadastral ; addition sera également faite sur l'atlas de tous les ouvrages d'art exécutés
postérieurement à sa rédaction.

TITRE II

Entretien et exploitation.

Art. 29.

Le chemin de fer et toutes ses dépendances seront cons-   Entretien.
tamment entretenus en bon état, de manière que la circulation y soit toujours facile et sûre.

Les frais d'entretien et ceux auxquels donneront lieu les
réparations ordinaires et extraordinaires seront entièrement
à la charge du concessionnaire.

Si le chemin de fer, une fois achevé, n'est pas constamment entretenu en bon état, il y sera pourvu d'office à la
diligence du préfet et aux frais du concessionnaire, sans
préjudice, s'il y a lieu, de l'application des dispositions indiquées ci-après dans l'article 39.

Le montant des avances faites sera recouvré au moyen
de rôles que le préfet rendra exécutoires.

Art. 30.

Gardiens.

Le concessionnaire sera tenu d'établir à ses frais, partout où la nécessité en aura été reconnue par le préfet, des gardiens en nombre suffisant pour assurer la sécurité du passage des trains sur la voie et celle de la circulation sur les points où le chemin de fer traverse à niveau des routes ou chemins publics.

Art. 31.

Matériel roulant.

Le matériel roulant qui sera mis en circulation sur le chemin de fer concédé devra passer librement dans le gabarit, dont les dimensions sont définies par le deuxième paragraphe de l'article 7.

Les machines locomotives seront construites sur les meilleurs modèles; elles devront consumer leur fumée et satisfaire d'ailleurs à toutes les conditions prescrites ou à prescrire par l'administration pour la mise en service de ce genre de machines.

Les voitures de voyageurs devront également être faites d'après les meilleurs modèles et satisfaire à toutes les conditions réglées ou à régler pour les voitures servant au transport des voyageurs sur les chemins de fer. Elles seront suspendues sur ressorts et pourront être à deux étages.

L'étage inférieur sera complètement couvert, garni de banquettes avec dossiers, fermé à glaces, muni de rideaux et éclairé pendant la nuit; l'étage supérieur sera couvert et garni de banquettes avec dossiers; on y accédera au moyen d'escaliers qui seront accompagnés, ainsi que les couloirs donnant accès aux places, de garde-corps solides d'au moins un mètre dix centimètres (1 m. 10) de hauteur utile.

Les dossiers et les banquettes devront être inclinés et les dossiers seront élevés à la hauteur de la tête des voyageurs.

Il y aura des places de deux classes ; on se conformera, pour la disposition particulière des places de chaque classe, aux prescriptions qui sont arrêtées par le préfet.

L'intérieur de chaque compartiment contiendra l'indication du nombre de places de ce compartiment.

Les voitures de voyageurs, les wagons destinés au transport des marchandises, des chaises de poste, des chevaux ou des bestiaux, les plates-formes, et, en général, toutes les parties du matériel roulant, seront de bonne et solide construction.

Le concessionnaire sera tenu, pour la mise en service de ce matériel, de se soumettre à tous les règlements sur la matière.

Le nombre des voitures à frein qui doivent entrer dans la composition des trains sera réglé par le préfet en rapport avec les déclivités de la ligne.

Les machines locomotives, tenders, voitures, wagons de toute espèce, plates-formes, composant le matériel roulant, seront constamment tenus en bon état.

Art. 32.

Le nombre minimum des trains qui desserviront tous les jours la ligne entière dans chaque sens est fixé à deux.

Nombre minimum des trains.

Art. 33.

Le concessionnaire supportera les dépenses qu'entraînera l'exécution des ordonnances, décrets, décisions ministérielles et arrêtés préfectoraux rendus ou à rendre par application de la loi du 15 juillet 1845 et de celle du 11 juin 1880, au sujet de la police et de l'exploitation du chemin de fer.

Règlements de police et d'exploitation.

Le concessionnaire sera tenu de soumettre à l'approbation du préfet les règlements de service intérieur relatifs
à l'exploitation du chemin de fer.

Le préfet déterminera, sur la proposition du concessionnaire, le minimum et le maximum de la vitesse des convois
de voyageurs et de marchandises sur les différentes sections
de la ligne, la durée du trajet et le tableau de la marche
des trains..

TITRE III

Durée, rachat et déchéance de la concession.

ART. 34.

Durée
de la concession.

La concession de la ligne mentionnée à l'article premier du présent cahier des charges prendra fin le 31 décembre 1956 (mil neuf cent cinquante-six).

! ART. 35.

Expiration
de la concession.

A l'époque fixée pour l'expiration de la concession, et
par le seul fait de cette expiration, le *département* sera sub-
rogé à tous les droits du concessionnaire sur le chemin de
fer et ses dépendances, et il entrera immédiatement en
jouissance de tous ses produits.

Le concessionnaire sera tenu de lui remettre en bon
état d'entretien le chemin de fer et tous les immeubles qui

en dépendent, quelle qu'en soit l'origine, tels que les bâtiments des gares et stations, les remises, ateliers et dé·pôts, les maisons de garde, etc. Il en sera de même de tous les objets immobiliers dépendant également dudit chemin, tels que les barrières et clôtures, les voies, changements de voies, plaques tournantes, réservoirs d'eau, grues hydrau·liques, machines fixes, etc.

Dans les cinq dernières années qui précéderont le terme de la concession, le *département* aura le droit de saisir les revenus du chemin de fer et de les employer à rétablir en bon état le chemin de fer et ses dépendances, si le concessionnaire ne se mettait pas en mesure de satisfaire pleinement et entièrement à cette obligation.

En ce qui concerne les objets mobiliers, tels que le matériel roulant, le mobilier des stations, l'outillage des ateliers et des gares, le *département* se réserve le droit de les reprendre en totalité ou pour telle partie qu'il jugera convenable, à dire d'experts, mais sans pouvoir y être contraint. La valeur des objets repris sera payée au concessionnaire dans les six mois qui suivront l'expiration de la concession et la remise du matériel au *département*.

Le *département* sera tenu, si le concessionnaire le requiert, de reprendre les matériaux, combustibles et approvisionnements de tout genre, sur l'estimation qui en sera faite à dire d'experts; et réciproquement, si le *département* le requiert, le concessionnaire sera tenu de céder ces approvisionnements de la même manière. Toutefois, le dé·partement ne pourra être obligé de reprendre que les approvisionuements nécessaires à l'exploitation du chemin pendant six mois.

Art. 36.

Le *département* aura toujours le droit de racheter la concession.

Rachat
de la concession.

Si le rachat a lieu avant l'expiration des *quinze* premières années de l'exploitation, il se fera conformément au
paragraphe 3 de l'article 11 de la loi du 11 juin 1880. Ce
terme de *quinze* ans sera compté à partir de la mise en
exploitation effective de la ligne entière, ou au plus tard à
partir de la fin du délai qui est fixé dans l'article 2 du présent cahier des charges, sans tenir compte des retards qui
auraient eu lieu dans l'achèvement des travaux.

Si le rachat de la concession entière est demandé par
le *département* après l'expiration des *quinze* premières années de l'exploitation, on réglera le prix du rachat en rele-
vant les produits nets annuels obtenus par le concessionnaire pendant les *sept* années qui auront précédé celle où
le rachat sera effectué, en y comprenant les annuités qui
auront été payées à titre de subvention ; on en déduira les
produits nets des deux plus faibles années, et l'on établira
le produit net moyen des *cinq* autres années.

Ce produit net moyen formera le montant d'une annuité qui sera due et payée au concessionnaire pendant
chacune des années restant à courir sur la durée de la concession.

Dans aucun cas, le montant de l'annuité ne sera inférieur au produit net de la dernière des *sept* années prises
pour terme de comparaison.

Le concessionnaire recevra en outre, dans les *six*
mois qui suivront le rachat, les remboursements auxquels il
aurait droit à l'expiration de la concession, suivant les deux
derniers paragraphes de l'article 35, la reprise de la totalité
des objets mobiliers étant ici obligatoire dans tous les cas
pour le *département*.

Le concessionnaire ne pourra élever aucune récla-
mation dans le cas où, le chemin concédé ayant été déclaré
d'intérêt général, l'Etat sera substitué au *département* dans
tous les droits que ce dernier tient de la loi du 11 juin 1880
et du présent cahier des charges.

Si l'Etat rachète la concession passé le terme de *quinze*

années qui est fixé dans le paragraphe premier du présent
article, le rachat sera opéré suivant les dispositions qui précèdent. Dans le cas où, au contraire, l'Etat déciderait d e
racheter la concession avant l'expiration de ce terme, l'indemnité qui pourra être due au concessionnaire sera
liquidée par une commission spéciale, conformément au
paragraphe 3 de l'article 11 de la loi du 11 juin 1880.

Art. 37.

Si le concessionnaire n'a pas remis au préfet les projets définitifs ou s'il n'a pas commencé les travaux dans les
délais fixés par les articles 2 et 3, il encourra la déchéance
qui sera prononcée par le Ministre des Travaux publics
après une mise en demeure, sauf recours au Conseil d'État
par la voie contentieuse.

Dans ces deux cas, la somme de cinquante mille francs
(50.000 fr.), qui aura été déposée, ainsi qu'il sera dit à
l'article 66, à titre de cautionnement, deviendra la propriété
du *département* et lui restera acquise.

Déchéance.

Art. 38.

Faute par le concessionnaire d'avoir poursuivi et ter-
miné les travaux dans les délais et conditions fixés par l'article 2, faute aussi par lui d'avoir rempli les diverses obligations qui lui sont imposées par le présent cahier des
charges, et dans le cas prévu par l'article 10 de la loi du
11 juin 1880, il encourra, soit la perte partielle de son cautionnement dans les conditions prévues par l'acte de concession, soit la perte totale de ce cautionnement, soit enfin
la déchéance. Dans tous les cas, il sera statué sur la demande du *département*, après mise en demeure, par le
Ministre des Travaux publics, sauf recours au Conseil d'Etat

Achèvement des travaux en cas de déchéance.

par la voie contentieuse. Dans les deux premiers cas, le cautionnement sera reconstitué dans le mois de la décision ministérielle.

Dans le cas de déchéance, il sera pourvu tant à la continuation et à l'achèvement des travaux qu'à l'exécution des autres engagements contractés par le concessionnaire, au moyen d'une adjudication que l'on ouvrira sur une mise à prix des ouvrages exécutés, des matériaux approvisionnés et des parties du chemin de fer déjà livrées à l'exploitation.

Nul ne sera admis à concourir à cette adjudication s'il n'a été préalablement agréé par le préfet.

A cet effet, les personnes qui voudraient concourir seront tenues de déclarer, dans le délai qui sera fixé, leur intention, par écrit déposé à la préfecture et accompagné de pièces propres à justifier des ressources nécessaires pour remplir les engagements à contracter.

Ces pièces seront examinées par le préfet en conseil de préfecture. Chaque soumissionnaire sera informé de la décision prise en ce qui le concerne, et, s'il y a lieu, du jour de l'adjudication.

Les personnes qui auront été admises à concourir devront faire, soit à la Caisse des dépôts et consignations, soit à la recette générale du département, le dépôt de garantie, qui devra être égal au moins au trentième de la dépense à faire par le concessionnaire.

L'adjudication aura lieu suivant les formes indiquées aux articles 11, 12, 13, 15 et 16 de l'ordonnance royale du 10 mai 1829.

Les soumissions ne peuvent être inférieures à la mise à prix.

Le nouveau concessionnaire sera soumis aux clauses du présent cahier des charges, et substitué au concessionnaire évincé pour recevoir les subventions de toute nature à échoir aux termes de l'acte de concession ; le concessionnaire évincé recevra de lui le prix que la nouvelle adjudication aura fixé.

La partie du cautionnement qui n'aura pas encore été restituée deviendra la propriété du *département*.

Si l'adjudication ouverte n'amène aucun résultat, une seconde adjudication sera tentée sur les mêmes bases, après un délai de trois mois. Cette fois, les soumissions pourront être inférieures à la mise à prix. Si cette seconde tentative reste également sans résultats, le concessionnaire sera définitivement déchu de tous droits, et alors les ouvrages exé-cutés, les matériaux approvisionnés, et les parties de che-min de fer déjà livrées à l'exploitation appartiendront au *département*.

Art. 39.

Si l'exploitation du chemin de fer vient à être interrom-pue en totalité ou en partie, le préfet prendra immédiate-ment, aux frais et risques du concessionnaire, les mesures nécessaires pour assurer provisoirement le service.

Si, dans les trois mois de l'organisation du service pro-visoire, le concessionnaire n'a pas valablement justifié qu'il est en état de reprendre et de continuer l'exploita-tion, et s'il ne l'a pas effectivement reprise, la déchéance pourra être prononcée par le Ministre des Travaux publics. Cette déchéance prononcée, le chemin de fer et toutes ses dépendances seront mis en adjudication, et il sera procédé ainsi qu'il est dit à l'article précédent.

Interruption de l'exploitation.

Art. 40.

Les dispositions des trois articles qui précèdent ne seraient pas applicables et la déchéance ne serait pas encou-rue dans le cas où le concessionnaire n'aurait pu remplir ses obligations par suite de circonstances de force majeure dûment constatées.

Cas de force majeure.

TITRE IV

Taxes et conditions relatives au transport des voyageurs et des marchandises.

Art. 41.

Pour indemniser le concessionnaire des travaux et dépenses qu'ils s'engage à faire par le présent cahier des charges, et sous la condition expresse qu'il en remplira exactement toutes les obligations, il est autorisé à percevoir, pendant toute la durée de la concession, les droits de péage et les prix de transport ci-après déterminés, sauf révision quinquennale si le conseil général le demande.

Toutefois, la première revision aura lieu à la demande du département, quel que soit le temps écoulé depuis la mise en exploitation.

TARIF	PRIX		
	de Péage.	de Transport.	Totaux.
	fr. c.	fr. c.	fr. c.
1° PAR TÊTE ET PAR KILOMÈTRE. *Grande vitesse.*			
Voyageurs. Voitures couvertes, garnies et fermées à glaces (1re classe)	0 08	0 04	0 12
Voitures couvertes, fermées à vitres, et à banquettes tringlées (2e classe)	0 037	0 018	0 055
Enfants. Au-dessous de 3 ans, les enfants ne payent rien, à la condition d'être portés sur les genoux des personnes qui les accompagnent.			

TARIF	PRIX		
	de Péage.	de Transport.	Totaux.
	fr. c.	fr. c.	fr. c.
Enfants (suite) — De trois à sept ans, ils payent demi-place et ont droit à une place distincte; toutefois, dans un même compartiment, deux enfants ne pourront occuper que la place d'un voyageur. Au-dessus de sept ans, ils payent place entière.			
Chiens transportés dans les trains de voyageurs. (Sans que la perception puisse être inférieure à 0 fr. 50.)	0 013	0 007	0 02
Petite vitesse.			
Bœufs, vaches, taureaux, chevaux, mulets, bêtes de trait......................	0 08	0 04	0 12
Veaux et porcs.....................	0 036	0 024	0 06
Moutons, brebis, agneaux, chèvres...........	0 015	0 015	0 03
Lorsque les animaux ci-dessus dénommés seront, sur la demande des expéditeurs, transportés à la vitesse des trains de voyageurs, les prix seront doublés.			
2° PAR TONNE ET PAR KILOMÈTRE			
Marchandises transportées à grande vitesse.			
Huîtres. — Poissons frais. — Denrées. — Excédents de bagages et marchandises de toute classe transportés à la vitesse des trains de voyageurs.	0 223	0 177	0 40
Marchandises transportées à petite vitesse.			
1re classe. — Spiritueux. — Huiles. — Bois de menuiserie, de teinture et autres bois exotiques. — Produits chimiques non dénommés. — Œufs. — Viande fraîche. — Gibier. — Sucre. — Café. — Drogues. — Épiceries. — Tissus. — Denrées coloniales. — Objets manufacturés. — Armes...................	0 112	0 088	0 20

TARIF	PRIX		
	de Péage.	de transport.	Totaux.
	fr. c.	fr. c.	fr. c.

Marchandises transportées à petite vitesse (Suite).

	de Péage.	de transport.	Totaux.
2ᵉ classe. Blés. — Grains. — Farines. — Légumes farineux. — Riz, maïs, châtaignes et autres denrées alimentaires non dénommées. — Chaux et Plâtre. — Charbon de bois. — Bois à brûler, dits *de corde.* — Perches.— Chevrons.— Planches. — Madriers. — Bois de charpente. — Marbres en bloc.—Albâtre. — Bitume.— Cotons. — Laines. — Vins. — Vinaigres. — Boissons.— Bières. — Levure sèche. — Coke. — Fers. — Cuivres. — Plomb et autres métaux ouvrés ou non. — Fontes moulées . . .	0 091	0 069	0 16
3ᵉ classe. Pierres de taille et produits de carrière. — Minerais autres que les minerais de fer. — Fonte brute. — Sel. — Moellons. — Meulières. — Argiles. — Briques.— Ardoises. .	0 06	0 04	0 10
4ᵉ classe. Houille. — Marne. — Cendres. — Fumiers.— Engrais. — Pierres à chaux et à plâtre. — Pavés et matériaux pour la construction et la réparation des routes. — Minerais de fer. — Cailloux et sables.	0 05	0 03	0 08

Tarif spécial par wagon complet.

(Sous la condition du parcours total de la ligne.)

	de Péage.	de transport.	Totaux.
Marchandises des 1ʳᵉ, 2ᵉ, 3ᵉ et 4ᵉ classes. . . . . . . Les foins, fourrages, pailles et toutes marchandises ne pesant pas 600 kilogrammes sous le volume de 1 mètre cube, cinquante centimes (0 fr. 50) par wagon et par kilomètre.	0 04	0 02	0 06

3ᵉ VOITURES ET MATÉRIEL ROULANT TRANSPORTÉS A PETITE VITESSE

Par pièce et par kilomètre.

	de Péage.	de transport.	Totaux.
Wagon ou chariot pouvant porter de 3 à 6 tonnes.	0 09	0 06	0 15
Wagon ou chariot pouvant porter plus de 6 tonnes.	0 12	0 08	0 20

TARIF	PRIX		
	de Péage.	de Transport.	Totaux.
	fr. c.	fr. c.	fr. c.

Par pièce et par kilomètre (Suite).

TARIF	de Péage.	de Transport.	Totaux.
Locomotive pesant de 12 à 18 tonnes (ne traînant pas de convoi)	1 80	1 20	3 00
Locomotive pesant plus de 18 tonnes (ne traînant pas de convoi).	2 25	1 50	3 75
Tender de 7 à 10 tonnes.	0 90	0 60	1 50
Tender de plus de 10 tonnes.	1 35	0 90	2 25

Les machines locomotives seront considérées comme ne traînant pas de convoi, lorsque le convoi remorqué, soit de voyageurs, soit de marchandises, ne comportera pas un péage au moins égal à celui qui serait perçu sur la locomotive avec son tender, marchant sans rien traîner.

Le prix à payer pour un wagon chargé ne pourra jamais être inférieur à celui qui serait dû pour un wagon marchant à vide.

TARIF	de Péage.	de Transport.	Totaux.
Voitures à deux ou à quatre roues, à un fond et à une seule banquette dans l'intérieur.	0 24	0 16	0 40
Voitures à quatre roues, à deux fonds et à deux banquettes dans l'intérieur, omnibus, diligences, etc.	0 281	0 219	0 50

Lorsque, sur la demande des expéditeurs, les transports auront lieu à la vitesse des trains de voyageurs, les prix ci-dessus seront doublés.

Dans ce cas, deux personnes pourront, sans supplément de prix, voyager dans les voitures à une banquette, et trois dans les voitures à deux banquettes, omnibus, diligences, etc.; les voyageurs excédant ce nombre payeront le prix des places de deuxième classe.

TARIF	de Péage.	de Transport.	Totaux.
Voitures de déménagement à deux ou à quatre roues, à vide	0 18	0 12	0 30
Ces voitures, lorsqu'elles seront chargées, payeront en sus du prix ci-dessus, par tonne de chargement et par kilomètre.	0 104	0 076	0 18

TARIF	PRIX		
	de Péage.	de transport.	Totaux.
	fr. c.	fr. c.	fr. c.
4° SERVICE DES POMPES FUNÈBRES ET TRANSPORT DES CERCUEILS			
Grande vitesse.			
Une voiture des pompes funèbres renfermant un ou plusieurs cercueils sera transportée aux mêmes prix et conditions qu'une voiture à quatre roues, à deux fonds et à deux banquettes.	0 36	0 28	0 64
Chaque cercueil confié à l'administration du chemin de fer sera transporté, pour les trains ordinaires, dans un compartiment isolé, au prix de	0 18	0 12	0 30
Et pour les trains express, dans une voiture spéciale, au prix de.	»	»	»

Les prix déterminés ci-dessus ne comprennent pas l'impôt dû à l'État.

Il est expressément entendu que les prix de transport ne seront dûs au concessionnaire qu'autant qu'il effectuerait lui-même ces transports à ses frais et par ses propres moyens; dans le cas contraire, il n'aura droit qu'aux prix fixés pour le péage.

La perception aura lieu d'après le nombre de kilomètres parcourus. Tout kilomètre entamé sera payé comme s'il avait été parcouru en entier.

Si la distance parcourue est inférieure à *six* kilomètres, elle sera comptée pour *six* kilomètres.

Le tableau des distances entre les diverses stations sera arrêté par le préfet d'après le procès-verbal de chaînage dressé contradictoirement par le concessionnaire et les ingénieurs du contrôle. Ce chaînage sera fait suivant la voie la plus courte, d'axe en axe, des bâtiments des voyageurs des stations extrêmes. Les tarifs proposés d'après cette base seront soumis à l'homologation du préfet ou du Ministre des Travaux publics, suivant les distinctions résultant de l'article 5 de la loi du 11 juin 1880.

Le poids de la tonne est de 1.000 kilogrammes.

Les fractions de poids ne seront comptées, tant pour la grande que pour la petite vitesse, que par centième de tonne ou par 10 kilogrammes.

Ainsi, tout poids compris entre 0 et 10 kilogrammes payera comme 10 kilogrammes, entre 10 et 20 kilogrammes, comme 20 kilogrammes, etc.

Toutefois, pour les excédents de bagages et de marchandises à grande vitesse, les coupures seront établies : 1° de 0 à 5 kilogrammes; 2° au-dessus de 5 jusqu'à 10 kilogrammes; 3° au-dessus de 10 kilogrammes, par fraction indivisible de 10 kilogrammes.

Quelle que soit la distance parcourue, le prix d'une expédition quelconque, soit en grande, soit en petite vitesse, ne pourra être inférieur à *quarante centimes* (40 c.).

Art. 42.

A moins d'une autorisation spéciale et révocable du préfet, tout train régulier de voyageurs devra contenir des voitures ou compartiments de toutes classes en nombre suffisant pour toutes les personnes qui se présenteraient dans les bureaux du chemin de fer.

Art. 43.

Tout voyageur dont le bagage ne pèsera pas plus de 30 kilogrammes n'aura à payer, pour le port de ce bagage, aucun supplément du prix de sa place.

Cette franchise ne s'appliquera pas aux enfants transportés gratuitement, et elle sera réduite à 20 kilogrammes pour les enfants transportés à moitié prix.

ART. 44.

Assimilation des classes de marchandises.

Les animaux, denrées, marchandises, effets et autres objets non désignés dans le tarif seront rangés, pour les droits à percevoir, dans les classes avec lesquelles ils auront le plus d'analogie, sans que jamais, sauf les exceptions formulées aux articles 45 et 46 ci-après, aucune marchandise non dénommée puisse être soumise à une taxe supérieure à celle de la première classe du tarif ci-dessus.

Les assimilations de classes pourront être provisoirement réglées par le concessionnaire; elles seront immédiatement affichées et soumises à l'Administration, qui prononcera définitivement.

ART. 45.

Transport de masses indivisibles

Les droits de péage et les prix de transport déterminés au tarif ne sont point applicables à toute masse indivisible pesant plus de *trois mille kilogrammes* (3.000 kilog.).

Néanmoins le concessionnaire ne pourra se refuser à transporter les masses indivisibles pesant de *trois mille à cinq mille kilogrammes;* mais les droits de péage et les prix de transport seront augmentés de moitié.

Le concessionnaire ne pourra être contraint à transporter les masses pesant plus de *cinq mille kilogrammes* (5.000 kilog.).

Si, nonobstant la disposition qui précède, le concessionnaire transporte des masses indivisibles pesant plus de *cinq mille kilogrammes,* il devra, pendant trois mois au moins, accorder les mêmes facilités à tous ceux qui en feraient la demande.

Dans ce cas, les prix de transport seront fixés par l'Administration, sur la proposition du concessionnaire.

Art. 46.

Les prix de transport déterminés au tarif ne sont point applicables :

1° Aux denrées et objets qui ne sont pas nommément énoncés dans le tarif et qui ne pèseraient pas deux cents kilogrammes sous le volume d'un mètre cube;

2° Aux matières inflammables ou explosibles, aux animaux et objets dangereux pour lesquels les règlements de police prescriraient des précautions spéciales;

3° Aux animaux dont la valeur déclarée excèderait 5.000 francs;

4° A l'or et à l'argent, soit en lingots, soit monnayés ou travaillés, au plaqué d'or ou d'argent, au mercure et au platine, ainsi qu'aux bijoux, dentelles, pierres précieuses, objets d'art et autres valeurs;

5° Et, en général, à tous paquets, colis ou excédents de bagages pesant isolément 40 kilogrammes et au-dessous.

Toutefois, les prix de transport déterminés au tarif sont applicables à tous paquets ou colis, quoique emballés à part, s'ils font partie d'envois pesant ensemble plus de quarante kilogrammes d'objets envoyés par une même personne à une même personne. Il en sera de même pour les excédents de bagages qui pèseraient ensemble ou isolément plus de quarante kilogrammes.

Le bénéfice de la disposition énoncée dans le paragraphe précédent, en ce qui concerne les paquets ou colis, ne peut être invoqué par les entrepreneurs de messageries et de roulage et autres intermédiaires de transport, à moins que les articles par eux envoyés ne soient réunis en un seul colis.

Dans les cinq cas ci-dessus spécifiés, les prix de transport seront arrêtés annuellement par le préfet, tant pour la grande que pour la petite vitesse, sur la proposition du concessionnaire.

En ce qui concerne les paquets ou colis mentionnés au paragraphe 5 ci-dessus, les prix de transport devront être calculés de telle manière qu'en aucun cas un de ces paquets ou colis ne puisse payer un prix plus élevé qu'un article de même nature pesant plus de quarante kilogrammes.

ART. 47.

Abaissement de tarifs.

Dans le cas où le concessionnaire jugerait convenable, soit pour le parcours total, soit pour les parcours partiels de la voie de fer, d'abaisser, avec ou sans conditions, au-dessous des limites déterminées par le tarif, les taxes qu'il est autorisé à percevoir, les taxes abaissées ne pourront être relevées qu'après un délai de trois mois au moins pour les voyageurs et d'un an pour les marchandises.

Toute modification de tarif proposée par le concessionnaire sera annoncée un mois d'avance par des affiches.

La perception des tarifs modifiés ne pourra avoir lieu qu'avec l'homologation du préfet ou du Ministre des Travaux publics, suivant les distinctions établies par l'article 5 de la loi du 11 juin 1880 et conformément aux dispositions de l'ordonnance du 15 novembre 1846.

La perception des taxes devra se faire indistinctement et sans aucune faveur.

Tout traité particulier qui aurait pour effet d'accorder à un ou plusieurs expéditeurs une réduction sur les tarifs approuvés, demeure formellement interdit.

Toutefois, cette disposition n'est pas applicable aux traités qui pourraient intervenir entre le Gouvernement et le concessionnaire dans l'intérêt des services publics, ni aux réductions ou remises qui seraient accordées par le concessionnaire aux indigents.

En cas d'abaissement des tarifs, la réduction portera proportionnellement sur le péage et le transport.

Art. 48.

Le concessionnaire sera tenu d'effectuer constamment avec soin, exactitude et célérité, et sans tour de faveur, le transport des voyageurs, bestiaux, denrées, marchandises et objets quelconques qui lui seront confiés. Délais d'expédition

Les colis, bestiaux et objets quelconques seront inscrits à la gare d'où ils partent et à la gare où ils arrivent, sur des registres spéciaux, au fur et à mesure de leur réception ; mention sera faite, sur le registre de la gare de départ, du prix total dû pour le transport.

Pour les marchandises ayant une même destination, les expéditions auront lieu suivant l'ordre de leur inscription à la gare de départ.

Toute expédition de marchandises sera constatée, si l'expéditeur le demande, par une lettre de voiture, dont un exemplaire restera aux mains du concessionnaire et l'autre aux mains de l'expéditeur. Dans le cas où l'expéditeur ne demanderait pas de lettre de voiture, le concessionnaire sera tenu de lui délivrer un récépissé qui énoncera la nature et le poids du colis, le prix total du transport et le délai dans lequel ce transport devra être effectué.

Art. 49.

Les animaux, denrées, marchandises et objets quelconques sont expédiés et livrés de gare en gare, dans les délais résultant des conditions ci-après exprimées : Délais de livraison.

1° Les animaux, denrées, marchandises et objets quelconques, à grande vitesse, seront expédiés par le premier train de voyageurs comprenant des voitures de toutes classes et correspondant avec leur destination, pourvu qu'ils aient été présentés à l'enregistrement trois heures avant le départ de ce train.

Ils seront mis à la disposition des destinataires, à la gare, dans le délai de deux heures après l'arrivée du même train.

2° Les animaux, denrées, marchandises et objets quel·conques, à petite vitesse, seront expédiés dans le jour qui suivra celui de la remise. -

Le maximum de durée du trajet sera fixé par le préfet, sur la proposition du concessionnaire.

Les colis seront mis à la disposition des destinataires dans le jour qui suivra celui de leur arrivée en gare.

Le délai total résultant des trois paragraphes ci-dessus sera seul obligatoire pour la Compagnie.

Il pourra être établi un tarif réduit, approuvé par le *préfet,* pour tout expéditeur qui acceptera des délais plus longs que ceux déterminés ci-dessus pour la petite vitesse.

Pour le transport des marchandises, il pourra être établi, sur la proposition du concessionnaire, un délai moyen entre ceux de la grande et de la petite vitesse. Le prix correspondant à ce délai sera un prix intermédiaire entre ceux de la grande et de la petite vitesse.

Le préfet déterminera, par des règlements spéciaux, les heures d'ouverture et de fermeture des gares et stations, tant en hiver qu'en été, ainsi que les dispositions relatives aux denrées apportées par les trains de nuit et destinées à l'approvisionnement des marchés des villes. .

Lorsque la marchandise devra passer d'une ligne sur une autre sans solution de continuité, les délais de livraison et d'expédition au point de jonction seront fixés par le préfet, sur la proposition du concessionnaire.

Art. 50.

Frais accessoires.

Les frais accessoires non mentionnés dans les tarifs, tels que ceux d'enregistrement, de chargement, de déchargement et de magasinage dans les gares et magasins du chemin de fer, seront fixés annuellement par le préfet sur la proposition du concessionnaire. Il en sera de même des frais de transbordement qui seront faits dans les gares de raccordement de la ligne concédée avec une ligne présentant une largeur de voie différente.

Art. 51.

Le concessionnaire sera tenu de faire, soit par lui-même, soit par un intermédiaire dont il répondra, le factage et le camionnage pour la remise au domicile des destinataires de toutes les marchandises qui lui sont confiées.

Camionnage.

Le factage et le camionnage ne seront point obligatoires en dehors du rayon de l'octroi, non plus que pour les gares qui desserviraient, soit une population agglomérée de moins de cinq mille habitants, soit un centre de population de cinq mille habitants, situé à plus de cinq kilomètres de la gare du chemin de fer.

Les tarifs à percevoir seront fixés par le préfet, sur la proposition du concessionnaire. Ils seront applicables à tout le monde sans distinction.

Toutefois, les expéditeurs et destinataires resteront libres de faire eux-mêmes, et à leurs frais, le factage et le camionnage des marchandises.

Art. 52.

A moins d'une autorisation spéciale du préfet, il est interdit au concessionnaire, conformément à l'article 14 de la loi du 15 juillet 1845, de faire directement ou indirectement avec des entreprises de transport de voyageurs ou de marchandises par terre ou par eau, sous quelque dénomination ou forme que ce puisse être, des arrangements

Traités particuliers

qui ne seraient pas consentis en faveur de toutes les entreprises desservant les mêmes voies de communication.

Le préfet, agissant en vertu de l'article 50 de l'ordonnance du 15 novembre 1846, prescrira les mesures à prendre pour assurer la plus complète égalité entre les diverses entreprises de transport dans leurs rapports avec le chemin de fer.

TITRE V

Stipulations relatives à divers services publics.

ART. 53.

Fonctionnaires ou agents du contrôle et de la surveillance.

Les fonctionnaires ou agents chargés de l'inspection, du contrôle, et de la surveillance du chemin de fer seront transportés gratuitement dans les voitures de voyageurs.

La même faculté sera accordée aux agents des contributions indirectes et des douanes chargés de la surveillance du chemin de fer dans l'intérêt de la perception de l'impôt.

ART. 54.

Militaires et marins

Dans le cas où le Gouvernement aurait besoin de diriger des troupes et un matériel militaire ou naval sur l'un des points desservis par le chemin de fer, le concessionnaire sera tenu de mettre immédiatement à sa disposition tous ses moyens de transport.

Le prix du transport qui sera opéré dans ces conditions, ainsi que le prix du transport des militaires ou marins voyageant soit en corps, soit isolément pour cause de service, envoyés en congé limité ou en permission ou rentrant dans leurs foyers après libération, sera payé conformément aux tarifs homologués.

Dans le cas où l'État s'engagerait à fournir une subvention par annuités au concessionnaire, le prix de ces transports sera fixé à la moitié des mêmes tarifs.

Art. 55.

Le concessionnaire sera tenu, à toute réquisition, de mettre à la disposition de l'Administration un ou plusieurs compartiments de deuxième classe à deux banquettes, ou un espace équivalent, pour le transport des prévenus, accusés ou condamnés, et de leurs gardiens.

Il en sera de même pour le transport des jeunes délinquants recueillis par l'Administration pour être transférés dans des établissements d'éducation.

L'administration pourra, en outre, requérir l'introduction, dans les convois ordinaires, de voitures cellulaires lui appartenant, à condition que les dimensions et le poids par essieu de ces voitures ne dépassent pas les dimensions et le poids à pleine charge du modèle le plus grand et le plus lourd qui sera affecté au service régulier du chemin de fer.

Le prix de ces transports sera réglé dans les conditions indiquées à l'article précédent.

Transport des prisonniers.

Art. 56.

Le concessionnaire sera tenu de réserver gratuitement, dans chacun des trains circulant aux heures ordinaires de l'exploitation, un compartiment spécial de la deuxième classe, ou un espace équivalent, pour recevoir les lettres, les dépêches, ainsi que les agents du service des postes. L'espace ré-

Service des postes et des télégraphes.

servé devra être fermé, éclairé et situé à l'étage inférieur
des voitures.

L'Administration des Postes aura le droit de fixer à une
voiture déterminée de chaque convoi une boîte aux lettres
dont elle fera opérer la pose et la levée par ses agents.

Elle pourra installer à ses frais, risques et périls et sous
sa responsabilité, des appareils spéciaux pour l'échange
des dépêches, sans arrêt des trains.

L'Administration des Postes pourra aussi : 1° requérir
un second compartiment, s'il est nécessaire au service, dans
les conditions indiquées au paragraphe premier; 2° requérir l'introduction de voitures spéciales lui appartenant dans
les convois ordinaires du chemin de fer, à condition que
les dimensions et le poids par essieu de ces voitures ne
dépassent pas les dimensions et le poids à pleine charge
du modèle le plus grand et le plus lourd qui sera affecté
au service régulier du chemin de fer.

Les prix des transports qui pourront être requis dans
les conditions ci-dessus seront payés par l'Administration
des Postes, conformément aux tarifs homologués, sauf le
cas où l'Etat se serait engagé à fournir au concessionnaire
une subvention par annuités.

Le prix de tous autres transports faits par le concessionnaire, sur la réquisition de l'Administration des Postes,
est, dès à présent, fixé à la moitié des tarifs homologués.

Les agents des Postes et des Télégraphes en service
ne seront également assujettis qu'à la moitié de la taxe,
dans le cas où la ligne serait subventionnée par le Trésor.

Dans le même cas, les matériaux nécessaires à l'établissement ou à l'entretien des lignes télégraphiques seront
transportés à moitié prix des tarifs homologués.

L'Administration des Postes pourra enfin exiger, le
concessionnaire et le département entendus, et après s'être
mise d'accord avec le Ministre des Travaux publics, qu'un
train spécial dans chaque sens soit ajouté au service ordi-
naire. Dans ce cas, que le chemin de fer soit subventionné

ou non, le montant intégral des dépenses supplémentaires
de toute nature que ce service spécial aura imposées au
concessionnaire, déduction faite des produits qu'il aura pu
en retirer, lui sera payé par l'Administration des Postes suivant le règlement qui en sera fait de gré à gré ou par deux
arbitres. En cas de désaccord des arbitres, un tiers arbitre
sera désigné par le conseil de préfecture.

Les employés chargés de la surveillance du service des
postes, les agents préposés à l'échange ou à l'entrepôt des
dépêches et à la levée des boîtes, auront accès dans les gares
ou stations pour l'exécution de leur service, en se conformant au règlement de police intérieure du chemin
de fer.

Si le service des postes exige des bureaux d'entrepôt de
dépêches dans les gares et stations, le concessionnaire
sera tenu de lui fournir l'emplacement nécessaire; cet
emplacement sera déterminé sous l'approbation du Ministre
des Travaux publics; l'Administration des Postes en payera
le loyer dans le cas où le chemin de fer ne serait pas subventionné par l'État.

Lorsque le concessionnaire voudra changer les
heures de départ des convois ordinaires, il sera tenu,
dans tous les cas, d'avertir l'Administration des Postes
quinze jours à l'avance.

Art. 57.

Le concessionnaire sera tenu d'établir à ses frais,
s'il en est requis par le Ministre des Travaux publics, les
lignes et appareils télégraphiques destinés à transmettre
les signaux nécessaires pour la sûreté et la régularité de
son exploitation. Il devra toutefois, avant l'établissement
des lignes, se pourvoir de l'autorisation du Ministre des
Postes et des Télégraphes. Les frais de toute nature résultant
de l'établissement et de l'entretien des communications télé-

graphiques qui lui sont propres sont à la charge du conces·
sionnaire.

Il pourra, avec l'autorisation du Ministre des Postes
et des Télégraphes, se servir des poteaux de la ligne télégraphique de l'État, sur les points où une ligne semblable existe
le long de la voie : il ne pourra s'opposer à ce que l'État
se serve des poteaux qu'il aura établis, afin d'y accrocher
ses propres fils.

Le concessionnaire est tenu de se soumettre à tous les
règlements d'administration publique concernant l'établissement et l'emploi des appareils télégraphiques, ainsi que
l'organisation à ses frais du contrôle de ce service par les
agents de l'État.

Le Gouvernement aura la faculté de faire le long des
voies toutes les constructions, de poser tous les appareils
nécessaires à l'établissement d'une ou de plusieurs lignes
télégraphiques, sans nuire au service du chemin de fer. Il
pourra aussi déposer sur les terrains dépendant du chemin
de fer le matériel nécessaire à ces lignes ; mais il devra le
retirer dans le cas où il serait reconnu par le préfet que le
concessionnaire a besoin de ces terrains pour le service
du chemin de fer.

Sur la demande du Ministre des Postes et des Télégraphes, il sera réservé, dans les gares des villes et des localités qui seront désignées ultérieurement. le terrain nécessaire
à l'établissement des maisonnettes destinées à recevoir le
bureau télégraphique et le matériel de ligne ou de poste
destiné à être entreposé à couvert.

Le concessionnaire sera tenu de faire garder par ses
agents ordinaires les fils des lignes télégraphiques, de donner aux employés des télégraphes connaissance de tous les
accidents qui pourraient survenir et de leur en faire connaître les causes.

En cas de rupture de fils télégraphiques, les employés
du concessionnaire auront à raccrocher provisoirement les
bouts séparés, d'après les instructions qui leur seront données à cet effet.

En cas de rupture des fils télégraphiques ou d'accidents graves, une locomotive sera mise immédiatement à la disposition de l'inspecteur-ingénieur de la ligne télégraphique, pour le transporter sur le lieu de l'accident avec les hommes et les matériaux nécessaires à la réparation. Ce transport devra être effectué dans des conditions telles qu'il ne puisse entraver en rien la circulation publique.

Il sera alloué au concessionnaire une indemnité de cinquante centimes par kilomètre parcouru par la machine, quand le dommage ne proviendra pas du fait du concessionnaire ou de ses agents.

Dans le cas où des déplacements de fils, appareils ou poteaux deviendraient nécessaires par suite de travaux exécutés sur le chemin, ces déplacements auraient lieu, aux frais du concessionnaire, par les soins de l'administration des lignes télégraphiques.

Le concessionnaire ne pourra se refuser à recevoir et à transmettre les télégrammes officiels par ses fils et appareils, et dans des conditions qui seront déterminées par le Ministre des Postes et des Télégraphes.

Dans le cas où le Ministre des Postes et des Télégraphes jugera utile d'ouvrir au service privé certaines gares de la ligne, il devra s'entendre avec le concessionnaire pour régler les conditions et le prix de ce service.

TITRE VI

Clauses diverses.

Art. 58.

Construction de nouvelles voies de communication.

Dans le cas où le Gouvernement, le département ou les communes ordonneraient ou autoriseraient la construction de routes nationales, départementales ou vicinales, de chemins de fer ou de canaux qui traverseraient la ligne objet de la présente concession, le concessionnaire ne pourra s'opposer à ces travaux, mais toutes les dispositions nécessaires seront prises pour qu'il n'en résulte aucun obstacle à la construction ou au service du chemin de fer, ni aucuns frais pour le concessionnaire.

Art. 59.

Concessions ultérieures de nouvelles lignes.

Toute exécution ou autorisation ultérieure de route, de canal, de chemin de fer, de travaux de navigation dans la contrée où est situé le chemin de fer objet de la présente concession, ou dans toute autre contrée voisine ou éloignée, ne pourra donner ouverture à aucune demande d'indemnité de la part du concessionnaire.

Art. 60.

Concessions de chemins de fer d'embranchement et de prolongement.

Le Gouvernement, le département et les communes auront le droit de concéder de nouveaux chemins de fer s'embranchant sur le chemin qui fait l'objet du présent cahier des charges, ou qui seraient établis en prolongement du même chemin.

Le concessionnaire ne pourra mettre aucun obstacle à ces embranchements, ni réclamer, à l'occasion de leur établissement, une indemnité quelconque, pourvu qu'il n'en résulte aucun obstacle à la circulation, ni aucuns frais particuliers pour le concessionnaire.

Les concessionnaires de chemins de fer d'embranchement ou de prolongement auront la faculté, moyennant les tarifs ci-dessus déterminés et l'observation du paragraphe 1er de l'article 31, ainsi que des règlements de police et de service établis ou à établir, de faire circuler leurs voitures, wagons et machines sur le chemin de fer objet de la présente concession, pour lequel cette faculté sera réciproque à l'égard desdits embranchements et prolongements.

Dans ce cas, lesdits concessionnaires ne payeront le prix du péage que pour le nombre de kilomètres réellement parcourus, un kilomètre entamé étant d'ailleurs considéré comme parcouru.

Dans le cas où les divers concessionnaires ne pourraient s'entendre sur l'exercice de cette faculté, le Ministre des Travaux publics statuerait sur les difficultés qui s'élèveraient entre eux à cet égard.

Le concessionnaire ne pourra toutefois être tenu à admettre sur ses rails un matériel dont le poids serait hors de proportion avec les éléments constitutifs de ses voies.

Dans le cas où un concessionnaire d'embranchement ou de prolongement joignant la ligne qui fait l'objet de la présente concession n'userait pas de la faculté de circuler sur cette ligne, comme aussi dans le cas où le concessionnaire de cette dernière ligne ne voudrait pas circuler sur les prolongements et embranchements, les concessionnaires seraient tenus de s'arranger entre eux de manière que le service de transport ne soit jamais interrompu aux points de jonction des diverses lignes.

Celui des concessionnaires qui se servira d'un matériel

qui ne serait pas sa propriété payera une indemnité en rapport avec l'usage et la détérioration de ce matériel. Dans le cas où les concessionnaires ne se mettraient pas d'accord sur la quotité de l'indemnité ou sur les moyens d'assurer la continuation du service sur toutes les lignes, l'Administration y pourvoirait d'office et prescrirait toutes les mesures nécessaires.

Gares communes.

Le concessionnaire sera tenu, si l'autorité compétente le juge convenable, de partager l'usage des stations établies à l'origine des chemins de fer d'embranchement avec les Compagnies qui deviendraient ultérieurement concessionnaires desdits chemins.

Il sera fait un partage équitable des frais communs résultant de l'usage desdites gares, et les redevances à payer par les Compagnies nouvelles seront, en cas de dissentiment, réglées par voie d'arbitrage.

En cas de désaccord sur le principe ou l'exercice de l'usage commun des gares, il sera statué, le concessionnaire entendu, savoir :

Par le préfet, si les deux chemins sont d'intérêt local et situés dans le même département;

Par le Ministre, si les deux lignes ne sont pas situées dans le même département, ou si l'un des deux chemins est d'intérêt général.

ART. 61.

Embranchements industriels.

Le concessionnaire sera tenu de s'entendre avec tout propriétaire de mines ou d'usines qui, offrant de se soumettre aux conditions prescrites ci-après, demanderait un embranchement; à défaut d'accord, le préfet statuera sur la demande, le concessionnaire entendu.

Les embranchements seront construits aux frais des propriétaires de mines et d'usines, et de manière qu'il ne résulte de leur établissement aucune entrave à la circulation générale, aucune cause d'avarie pour le matériel, ni aucuns frais particuliers pour la Compagnie.

Leur entretien devra être fait avec soin et aux frais de leurs propriétaires, et sous le contrôle du préfet. Le concessionnaire aura le droit de faire surveiller par ses agents cet entretien, ainsi que l'emploi de son matériel sur les embranchements.

Le préfet pourra, à toutes époques, prescrire les modifications qui seraient jugées utiles dans la soudure, le tracé ou l'établissement de la voie desdits embranchements, et les changements seront opérés aux frais des propriétaires.

Le préfet pourra même, après avoir entendu les propriétaires, ordonner l'enlèvement temporaire des aiguilles de soudure, dans le cas où les établissements embranché viendraient à suspendre en tout ou en partie leurs transports.

Le concessionnaire sera tenu d'envoyer ses wagons sur tous les embranchements autorisés destinés à faire communiquer des établissements de mines ou d'usines avec la ligne principale du chemin de fer.

Le concessionnaire amènera ses wagons à l'entrée des embranchements.

Les expéditeurs ou destinataires feront conduire les wagons dans leurs établissements pour les charger ou décharger, et les ramèneront au point de jonction avec la ligne principale, le tout à leurs frais.

Les wagons ne pourront d'ailleurs être employés qu'au transport d'objets et marchandises destinés à la ligne principale du chemin de fer.

Le temps pendant lequel les wagons séjourneront su les embranchements particuliers ne pourra excéder six heures lorsque l'embranchement n'aura pas plus d'un kilomètre Ce temps sera augmenté d'une demi-heure par kilomètre en sus du premier, non compris les heures de la nuit, depuis le coucher jusqu'au lever du soleil.

Dans le cas où les limites de temps seraient dépassées

nonobstant l'avertissement spécial donné par le concessionnaire, il pourra exiger une indemnité égale à la valeur
du droit de loyer des wagons, pour chaque période de retard
après l'avertissement.

Les traitements des gardiens d'aiguilles et des barrières
des embranchements autorisés par le préfet seront à la charge
des propriétaires des embranchements. Ces gardiens seront
nommés et payés par le concessionnaire, et les frais qui en
résulteront lui seront remboursés par lesdits propriétaires.

En cas de difficulté, il sera statué par l'Administration,
le concessionnaire entendu.

Les propriétaires d'embranchements seront responsables
des avaries que le matériel pourrait éprouver pendant son
parcours ou son séjour sur ces lignes.

Dans le cas d'inexécution d'une ou de plusieurs des conditions énoncées ci-dessus, le préfet pourra, sur la plainte
du concessionnaire, et après avoir entendu le propriétaire
de l'embranchement, ordonner, par un arrêté, la suspension
du service et faire supprimer la soudure, sauf recours à
l'Administration supérieure, et sans préjudice de tous dom-
mages-intérêts que le concessionnaire serait en droit de
répéter pour la non-exécution de ces conditions.

Tarifs à percevoir pour le matériel prêté. — Pour indemniser le concessionnaire de la fourniture et
de l'envoi de son matériel sur les embranchements, il est
autorisé à percevoir un prix fixe de *douze centimes* (0 fr. 12)
par tonne pour le premier kilomètre et, en outre, *quatre centimes* (0 fr. 04) par tonne et par kilomètre en sus du premier, lorsque la longueur de l'embranchement excédera un
kilomètre.

Tout kilomètre entamé sera payé comme s'il avait été
parcouru en entier.

Le chargement et le déchargement sur les embranchements s'opéreront aux frais des expéditeurs ou destinataires, soit qu'ils les fassent eux-mêmes, soit que la Compagnie du chemin de fer consente à les opérer.

Dans ce dernier cas, ces frais seront l'objet d'un règlement arrêté par le préfet, sur la proposition du concessionnaire.

Tout wagon envoyé par le concessionnaire sur un embranchement devra être payé comme wagon complet, lors même qu'il ne serait pas complètement chargé.

La surcharge, s'il y en a, sera payée au prix du tarif légal et au prorata du poids réel. Le concessionnaire sera en droit de refuser les chargements qui dépasseraient le maximum de *trois mille cinq cents kilogrammes* (3.500 kil.) déterminé en raison des dimensions actuelles des wagons.

Le maximum sera révisé par le préfet de manière à être toujours en rapport avec la capacité des wagons.

Les wagons seront pesés à la station d'arrivée par les soins et aux frais du concessionnaire.

Art. 62.

La contribution foncière sera établie en raison de la surface des terrains occupés par le chemin de fer et ses dépendances; la cote en sera calculée, comme pour les canaux, conformément à la loi du 25 avril 1803.

Les bâtiments et magasins dépendant de l'exploitation du chemin de fer seront assimilés aux propriétés bâties de la localité. Toutes les contributions auxquelles ces édifices pourront être soumis seront, aussi bien que la contribution foncière, à la charge du concessionnaire.

Art. 63.

Les agents et gardes que le concessionnaire établira, soit pour la perception des droits, soit pour la surveillance et la police du chemin de fer et de ses dépendances, pourront être assermentés, et seront, dans ce cas, assimilés aux gardes champêtres.

Art. 64.

Inspecteurs
spéciaux.

Il pourra être institué près du concessionnaire un ou plusieurs commissaires chargés d'exercer une surveillance spéciale sur tout ce qui ne rentre pas dans les attributions des agents de contrôle.

Art. 65.

Frais de contrôle.

Les frais de visite, de surveillance et de réception des travaux et les frais de contrôle de l'exploitation seront supportés par le concessionnaire.

Afin de pourvoir à ces frais, le concessionnaire sera tenu de verser chaque année, à la caisse centrale du trésorier-payeur général du département, une somme de cinquante francs par chaque kilomètre de chemin de fer concédé.

Si le concessionnaire ne verse pas la somme ci-dessus réglée aux époques qui auront été fixées, le préfet rendra un rôle exécutoire, et le montant en sera recouvré, comme en matière de contributions directes, au profit du *département*.

Art. 66.

Cautionnement.

Après la déclaration d'utilité publique, le concessionnaire déposera, à première réquisition du préfet, à la Caisse des dépôts et consignations, une somme de cinquante mille francs (50.000 fr.) en numéraire ou en rentes sur l'Etat calculées conformément au décret du 31 janvier 1872, ou en bons du Trésor, avec transfert, au profit de ladite caisse, de celles de ces valeurs qui seraient nominatives ou à ordre.

Cette somme formera le cautionnement de l'entreprise.

Les *quatre cinquièmes* en seront rendus au concessionnaire par *cinquième* et proportionnellement à l'avancement des travaux. La dernier *cinquième* ne sera remboursé qu'après l'expiration de la concession.

Art. 67.

Le concessionnaire devra faire élection de domicile à Bourges.

Dans le cas où il ne l'aurait pas fait, toute notification ou signification à lui adressée sera valable lorsqu'elle sera faite au secrétariat général de la préfecture de Bourges.

Élection de domicile.

Art. 68.

Les contestations qui s'élèveraient entre le concessionnaire et l'administration au sujet de l'exécution et de l'interprétation des clauses du présent cahier des charges seront jugées administrativement par le conseil de préfecture du département du Cher, sauf recours au Conseil d'Etat.

Jugement des contestations.

Art. 69.

Les frais d'enregistrement du présent cahier des charges et de la convention ci-annexée seront supportés par le concessionnaire.

Frais d'enregistrement.

Vu pour être annexé à la convention en date du vingt-sept juin mil huit cent quatre-vingt-cinq.

A Bourges, le vingt-sept juin mil huit cent quatre-vingt-cinq.

Le préfet du Cher,

Signé : BERNIQUET.

Le directeur de la Société générale
des chemins de fer économiques,

Signé : Émile LEVEL.

11187

PARIS. — IMPRIMERIE C° SÉNAT, ODÉAIS DU LUXEMBOURG. — P. MOUILLOT.